小跳豆 Jumping Bean 幼兒 情緒 故事系列

我很生氣

U0114894

新雅文化事業有限公司
www.sunya.com.hk

小跳豆
幼兒情緒故事系列

跟着跳跳豆和糖糖豆一起學習情緒管理！

　　情緒是人類與生俱來的本能，是一種既複雜又難以言明的生理及心理反應。日常生活中，經常會發生一些令孩子情緒受困擾的事情，而很多時候，孩子都不懂得訴說自己的情緒狀態，更不能自己化解。大多數成年人都能接受正面的情緒，例如快樂、喜悅或驚喜，但卻難以接受，甚至傾向壓抑負面的情緒，例如生氣、害怕或難過。因此，家長也應該學習情緒管理，才知道如何有效地幫助孩子化解負面情緒。

　　《小跳豆幼兒情緒故事系列》共6冊，透過跳跳豆和糖糖豆的日常生活經歷，展現各種孩子經常出現的情緒，例如：生氣、害怕、難過、妒忌、想放棄和太興奮，並透過故事讓家長和孩子具體地認識情緒及學習適當地處理情緒的方法。

　　書後設有「我的感覺」和「我的選擇」兩個延伸活動。以書中的故事作基礎，透過親子互動和討論，讓孩子和父母進一步了解更多與情緒有關的學問，一起成為優秀的情緒管理者。

2

新雅・點讀樂園 升級功能

讓親子閱讀更有趣！

　　本系列屬「新雅點讀樂園」產品之一，若配備新雅點讀筆，爸媽和孩子可以使用全書的點讀和錄音功能，聆聽粵語朗讀故事、粵語講故事和普通話朗讀故事，亦能點選圖中的角色，聆聽對白，生動地演繹出每個故事，讓孩子隨着聲音，進入豐富多彩的故事世界，而且更可錄下爸媽和孩子的聲音來說故事，增添親子閱讀的趣味！

　　「新雅點讀樂園」產品包括語文學習類、親子故事和知識類等圖書，種類豐富，旨在透過聲音和互動功能帶動孩子學習，提升他們的學習動機與趣味！

想了解更多新雅的點讀產品，請瀏覽新雅網頁(www.sunya.com.hk)或掃描右邊的QR code進入 新雅・點讀樂園 。

如何使用新雅點讀筆閱讀故事？

1. 下載本故事系列的點讀筆檔案

1️⃣ 瀏覽新雅網頁(www.sunya.com.hk) 或掃描右邊的QR code

進入 。

2️⃣ 點選 下載點讀筆檔案 ▶ 。

3️⃣ 依照下載區的步驟說明，點選及下載《小跳豆幼兒情緒故事系列》的點讀筆檔案至電腦，並複製至新雅點讀筆的「BOOKS」資料夾內。

2. 啟動點讀功能

開啟點讀筆後，請點選封面右上角的 📖新雅‧點讀樂園 圖示，然後便可翻開書本，點選書本上的故事文字或圖畫，點讀筆便會播放相應的內容。

3. 選擇語言

如想切換播放語言，請點選內頁右上角的 粵 ☆ 普 圖示，當再次點選內頁時，點讀筆便會使用所選的語言播放點選的內容。

4.播放整個故事

如想播放整個故事，請直接點選以下圖示：

5.製作獨一無二的點讀故事書

爸媽和孩子可以各自點選以下圖示，錄下自己的聲音來說故事！

1 先點選圖示上爸媽錄音或孩子錄音的位置，再點 OK，便可錄音。

2 完成錄音後，請再次點選 OK，停止錄音。

3 最後點選 ▶ 的位置，便可播放錄音了！

4 如想再次錄音，請重複以上步驟。注意每次只保留最後一次的錄音。

星期天早上，
跳跳豆一早便起牀了。
他的心情很興奮，
因為爸爸媽媽答應
今天帶他去沙灘玩，
他可以游泳呢！

正當跳跳豆忙着
收拾沙灘用品時，
窗外忽然傳來
「隆隆」的雷聲。
跳跳豆心想：
　「哎呀！會不會下雨呢？」

跳跳豆很擔心
因下雨不能去沙灘，
於是跑去問爸爸：
「爸爸，今天我們會去沙灘，
對不對？」

爸爸說：「你看！開始下雨了，
我們改下星期去吧！」
跳跳豆大叫：
「爸爸答應我今天去的！
為什麼要下雨？
我要今天去！我要今天去！」

媽媽聽見叫聲，
從廚房裏走出來，
對跳跳豆說：「跳跳豆，
下雨天在沙灘上玩會着涼。
不如我們在家玩吧！」

跳跳豆很生氣，
他用力地把手上的
堆沙玩具扔到地上，說：
「我不管，我要去沙灘！
我要去游泳！」

跳跳豆在房內一直哭，
又一直望着窗外，
心想天空快些放晴就好了。

這時跳跳豆聽見了敲門聲，
他把門打開。
原來是糖糖豆來找哥哥。

糖糖豆對跳跳豆說：
「哥哥，今天突然下雨，
不能去沙灘玩，真掃興啊！
不如我們在家裏
玩野餐遊戲，好嗎？」

「好呀！」
跳跳豆立即拿出他的
遊戲地墊，
然後放好野餐的用具。

媽媽拿出很多美味的食物，
有麵包、蛋糕、香腸，
還有果汁和三明治。
大家坐在地墊上
一邊吃，一邊聊天，
十分開心。

這時，跳跳豆感到
既平靜又快樂，
他不再因為不能去沙灘
而生氣了。
他真正想要的，
就是跟家人享受
快樂的時光。

小朋友，跳跳豆遇到下面這些事情時，心情怎麼樣？請參考提供的情緒詞彙，說說看。

 興奮　　 擔心　　 失望　　 生氣

1.

期待去沙灘玩

2.

看見天空
有烏雲

3.

知道不能
去沙灘

給爸媽的話

跟孩子討論故事角色的情緒，可以幫助孩子學習理解他人的感受。家長可在這部分為孩子介紹描述情緒的詞彙，同時讓他們分享自己的感覺。

我的選擇

小朋友，如果下雨天不能去沙灘，你會選擇哪一個做法？
請說說看。

1.

大吵大鬧

2.

躲起來哭泣

3.

在家裏看書

4.

在家裏玩
野餐遊戲

給爸媽的話

　　一般處理情緒的方法包括發洩、控制、轉移和疏導。家長可通過角色扮演的
方式，讓孩子能更深刻體會故事角色的遭遇，並選擇合乎自己需要的方式。

小跳豆幼兒情緒故事系列

我很生氣

原著：楊幼欣

改編：新雅編輯室

繪圖：何宙樺

責任編輯：趙慧雅

美術設計：陳雅琳

出版：新雅文化事業有限公司

香港英皇道499號北角工業大廈18樓

電話：(852) 2138 7998

傳真：(852) 2597 4003

網址：http://www.sunya.com.hk

電郵：marketing@sunya.com.hk

發行：香港聯合書刊物流有限公司

香港荃灣德士古道220-248號荃灣工業中心16樓

電話：(852) 2150 2100

傳真：(852) 2407 3062

電郵：info@suplogistics.com.hk

印刷：中華商務彩色印刷有限公司

香港新界大埔汀麗路36號

版次：二〇二一年三月初版

二〇二三年一月第三次印刷

ISBN: 978-962-08-7578-6

© 2021 Sun Ya Publications (HK) Ltd.

18/F, North Point Industrial Building, 499 King's Road, Hong Kong

Published in Hong Kong SAR, China

Printed in China